심장이 연주하는 우리 몸

노에미 파브라 글·그림 | 김지애 옮김

스푼북

1 ♥
두근두근,
심장의 본모습

4쪽

2 ♥
저마다 다른
동물의 심장

16쪽

3 ♥
심장에 얽힌
가슴 뛰는 이야기

22쪽

4 ♥
심장과 똑 닮은
아이콘, 하트

30쪽

5 ♥
감정을 담는
그릇, 심장

38쪽

6 ♥
심장 박동이
연주하는 음악

44쪽

두근두근, 심장의 본모습

심장은 가슴 한가운데 있어요.
우리 몸에서 가장 중요한 역할을 하기
때문이에요. 심장은 하루에 10만 번 이상
뛰면서 온몸에 피를 보내고 또 받는답니다.
우리가 태어나기 전 가장 먼저
만들어지는 신체 기관이기도 해요.

심장이 만들어지기까지

엄마 배 속에 있는 아기의 심장은 보통 임신 5주가 지나면 뛰는 걸 확인할 수 있어요. 이때 심장의 모양은 아직 완성되지 않은 상태예요. 하지만 며칠 사이 아주 빠르게 성장하지요.

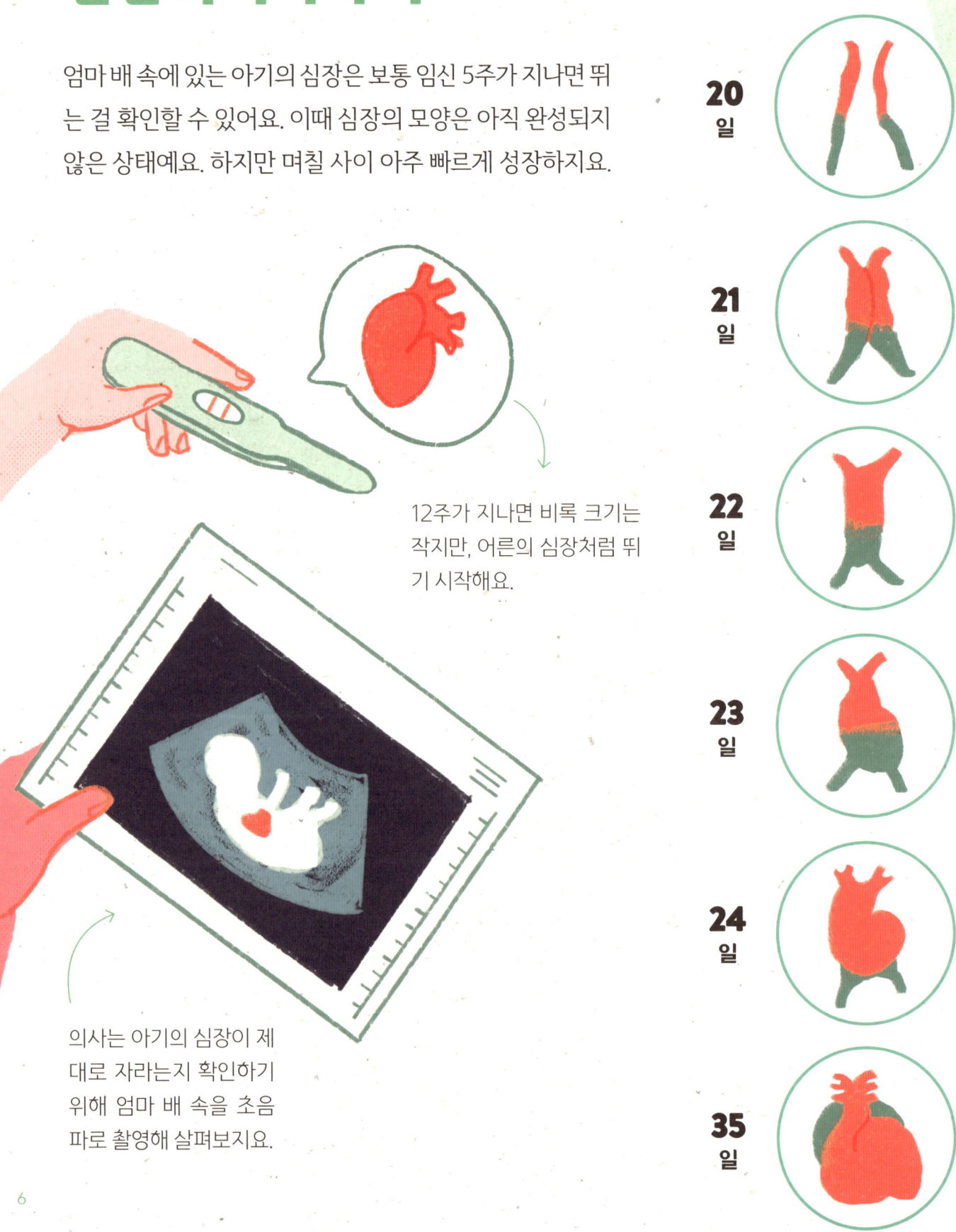

12주가 지나면 비록 크기는 작지만, 어른의 심장처럼 뛰기 시작해요.

의사는 아기의 심장이 제대로 자라는지 확인하기 위해 엄마 배 속을 초음파로 촬영해 살펴보지요.

18일
20일
21일
22일
23일
24일
35일

아기 심장 소리는 마치 말이 뛰는 소리 같답니다!

커지는 엄마의 심장

심장 안에는 네 개의 방이 있어요. 그중 하나인 좌심실은 엄마가 임신을 하면 크기가 커진답니다. 심지어 좌심실을 도는 피의 양은 약 50퍼센트까지 늘어나지요. 엄마의 심장이 커지는 건 아기가 잘 자라기 위해 꼭 필요한 일이에요.

심장은 얼마나 클까요?

사람의 심장은 가슴 한복판, 세로로 길쭉한 복장뼈 뒤쪽에 자리 잡고 있어요. 두 개의 폐 사이이기도 하지요. 또 '심장막'이라 불리는 주머니가 심장을 감싸고 있어요. 주머니에는 '심장막액'이라는 액체가 들어 있어서, 심장이 뛸 때 주변 다른 장기와 서로 닿지 않도록 막아 주지요.

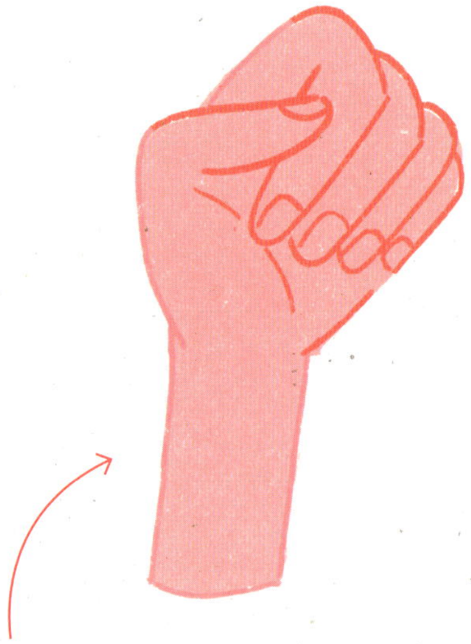

주먹을 쥐면 심장이 얼마나 큰지 알 수 있어요. 심장과 주먹은 크기가 비슷하거든요. 심장의 길이는 대략 12.5센티미터 정도예요.

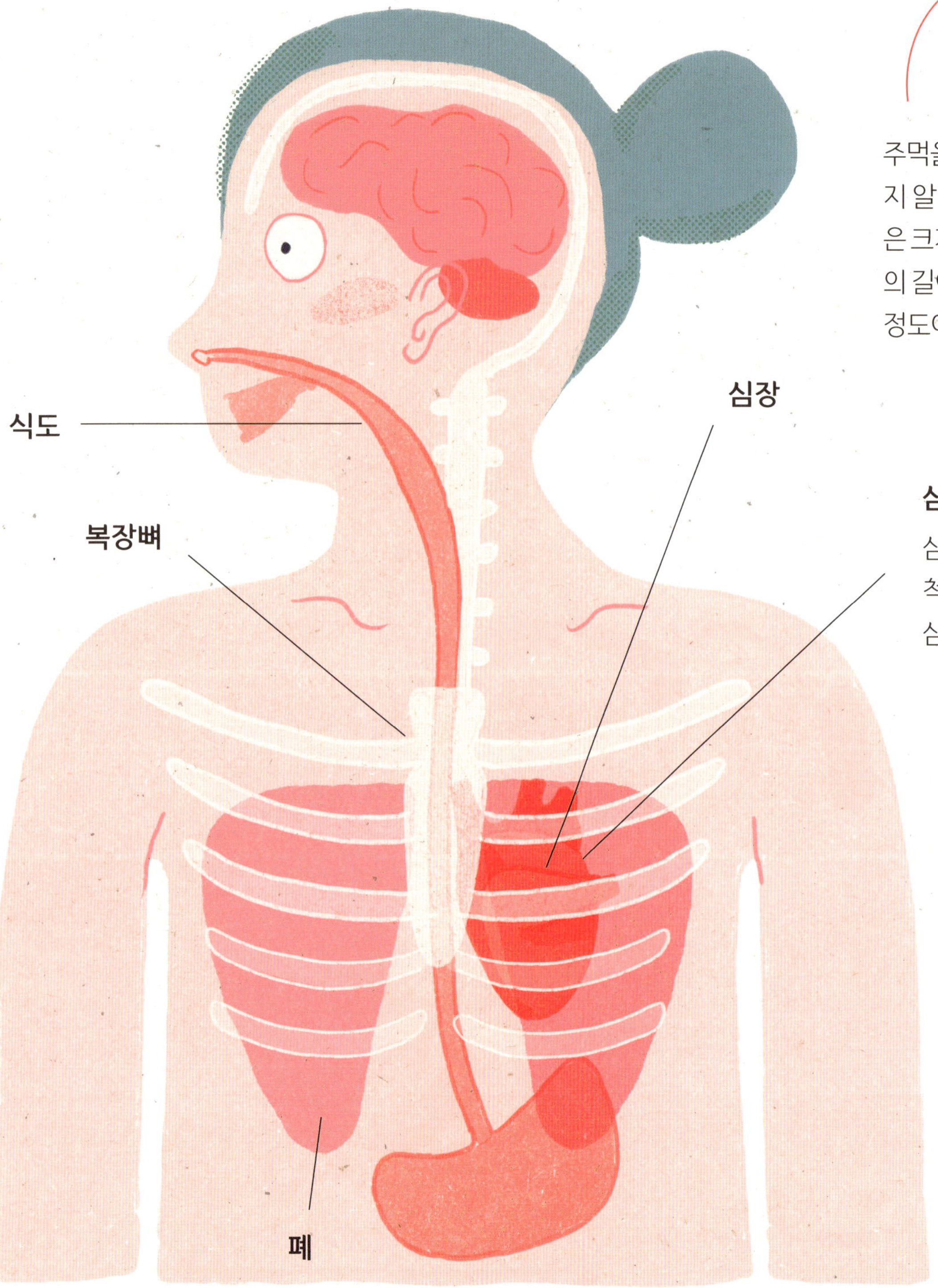

식도

복장뼈

심장

심장막
심장을 떠받치며 횡격막, 척추, 그리고 두 개의 폐와 심장을 연결해 줘요.

폐

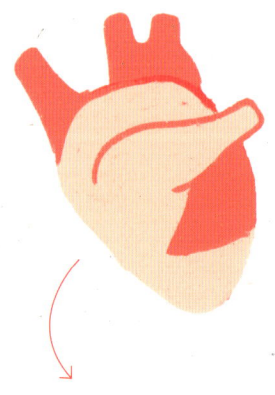

심장막은 심장을 보호하고 감염되지 않도록 막아 주는 역할도 해요.

심장의 무게는 사람의 나이와 키, 몸무게에 따라 조금씩 달라요. 성인의 심장 무게는 여성의 경우 몸무게의 0.4퍼센트, 남성의 경우 몸무게의 0.45퍼센트 정도를 차지하지요.

운동선수들의 심장은 더 무겁답니다!

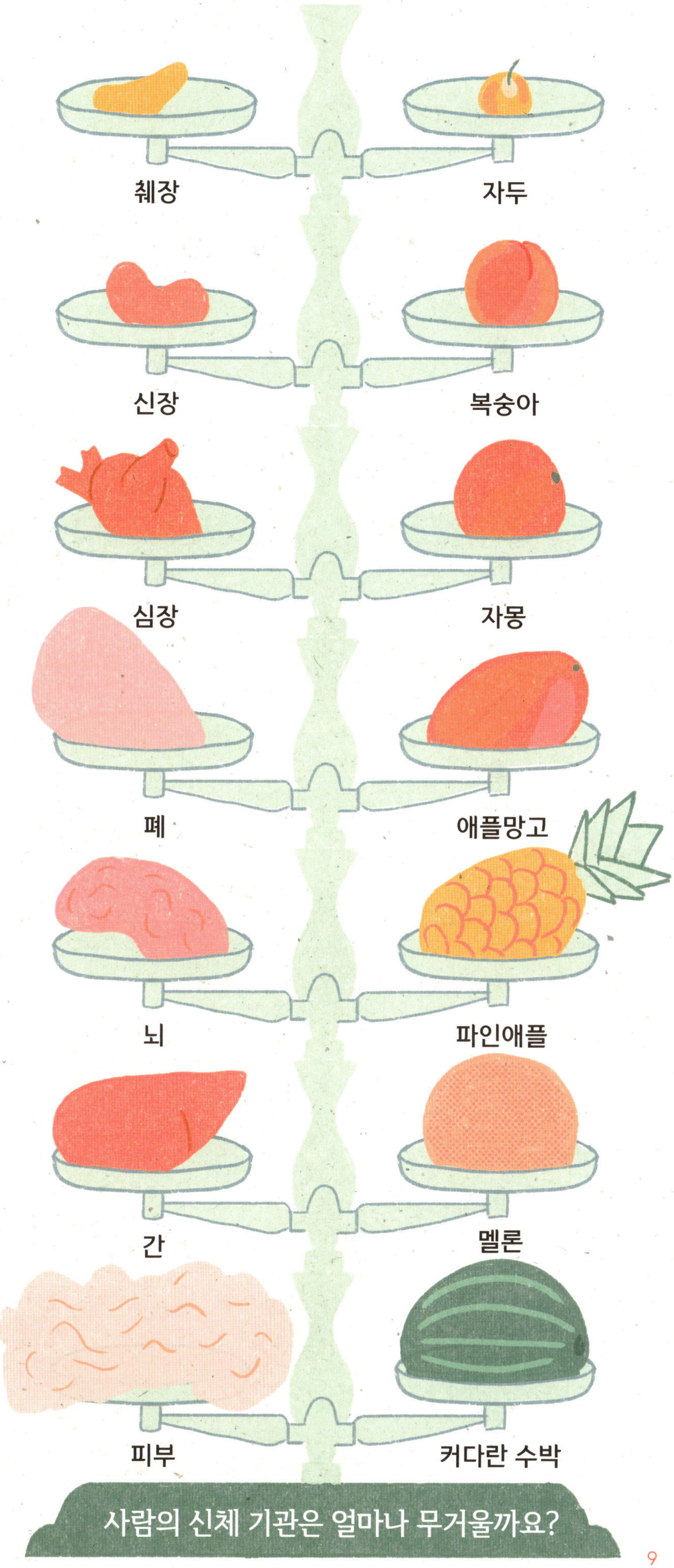

췌장	자두
신장	복숭아
심장	자몽
폐	애플망고
뇌	파인애플
간	멜론
피부	커다란 수박

사람의 신체 기관은 얼마나 무거울까요?

심장은 어떤 일을 할까요?

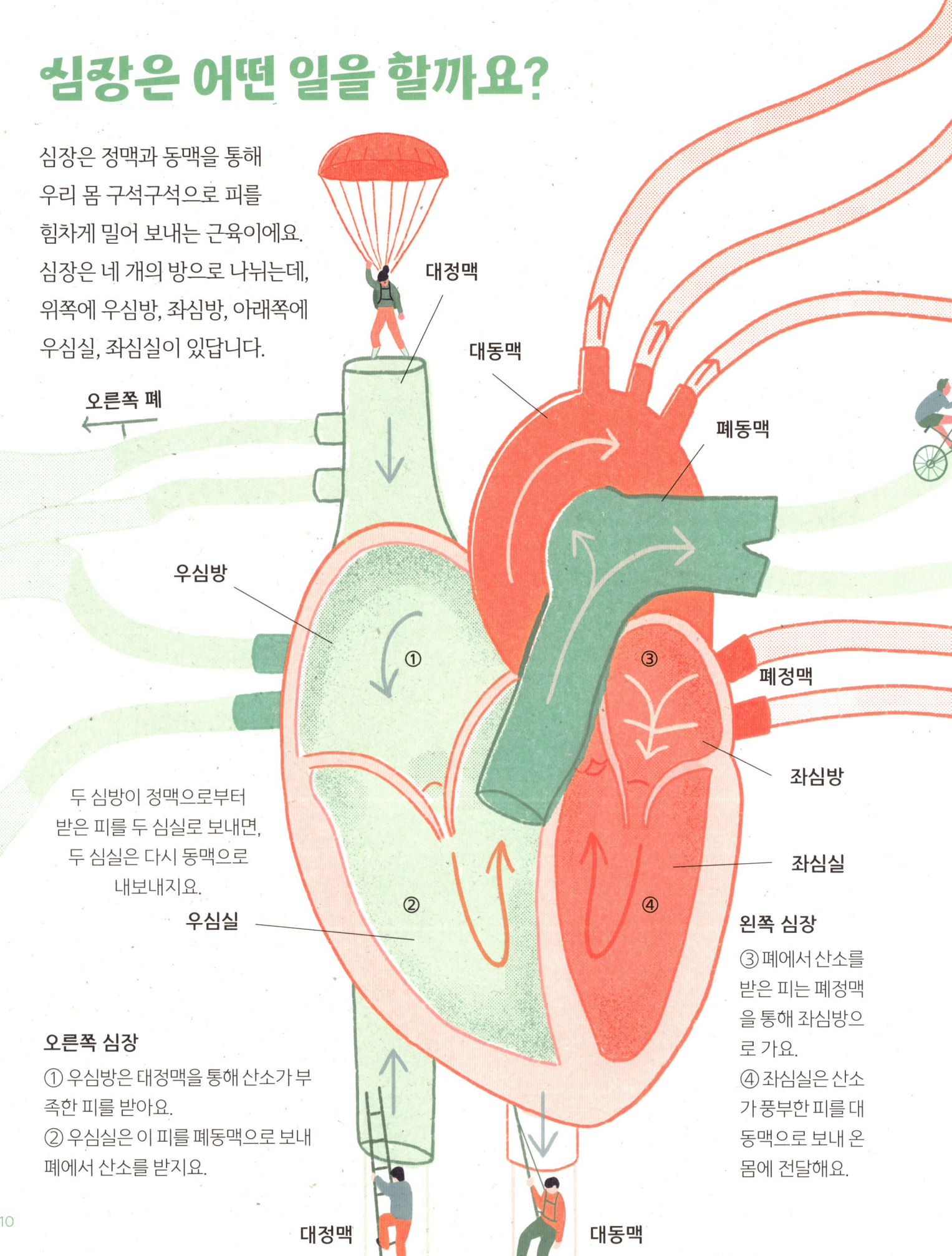

심장은 정맥과 동맥을 통해 우리 몸 구석구석으로 피를 힘차게 밀어 보내는 근육이에요. 심장은 네 개의 방으로 나뉘는데, 위쪽에 우심방, 좌심방, 아래쪽에 우심실, 좌심실이 있답니다.

두 심방이 정맥으로부터 받은 피를 두 심실로 보내면, 두 심실은 다시 동맥으로 내보내지요.

오른쪽 심장
① 우심방은 대정맥을 통해 산소가 부족한 피를 받아요.
② 우심실은 이 피를 폐동맥으로 보내 폐에서 산소를 받지요.

왼쪽 심장
③ 폐에서 산소를 받은 피는 폐정맥을 통해 좌심방으로 가요.
④ 좌심실은 산소가 풍부한 피를 대동맥으로 보내 온몸에 전달해요.

돌고 도는 피

심장은 정맥으로 산소가 부족한 피를 받아 산소를 공급한 다음, 동맥을 통해 우리 몸 구석구석으로 보내요.

왼쪽 폐

규칙적인 맥박

심장이 뛸 때마다 피는 동맥을 따라 이동하며 물결과 같은 진동을 일으켜요. 이를 '맥박'이라고 부르지요. 손목 안쪽 부분을 눌러 맥박을 재면 우리 심장이 얼마나 빨리 뛰는지 알 수 있어요. 아기들의 심장은 분당 150번 이상 뛴답니다. 열 살이 되면 분당 60~100번 정도 뛰는데, 이때부터 성인의 평균 맥박 수와 비슷해져요.

꼭 필요한 심장 판막

심방과 심실에는 네 개의 막이 있어서, 심장에서 피가 거꾸로 흐르는 것을 막아 주어요.

심장은 어떻게 움직일까요?

심장은 뇌의 명령에 따라 움직이지 않아요. 심장 근육은 스스로 알아서 움직이지요. 다른 근육들과 다른 점이에요. 심장이 뛰는 속도는 세포가 발생시키는 전기 신호로 조절된답니다.

심장을 연구하다!

고대 이집트의 미라에서 심장병에 관한 최초의 흔적이 발견되었어요.

기원전 1500년

기원전 2000년

1628년

영국의 의사이자 생물학자인 윌리엄 하비는 피가 온몸을 돈다는 것과 심장이 펌프와 같은 역할을 한다는 사실을 알아냈어요.

청진기의 탄생

청진기는 심장 소리를 듣기 위해 가장 많이 사용하는 기구예요. 수줍음이 많던 르네 라에네크는 환자들의 가슴에 자신의 귀를 가져다 댈 때마다 무척 난처했답니다.

어느 날, 환자 역시 불편해한다는 사실을 깨닫고 종이를 둘둘 말아 환자의 가슴에 대고 심장 소리를 들었지요.

바로 그날, 라에네크는 원뿔형 나무 도구를 만들었어요. 첫 번째 청진기가 탄생한 거예요.

중국에서는 심장이 우리 몸 구석구석까지 피를 돌게 만든다는 사실을 오래 전부터 알고 있었어요. 반면 유럽에서는 1300년대까지 심장을 영혼이 담긴 그릇이라고 생각했지요.

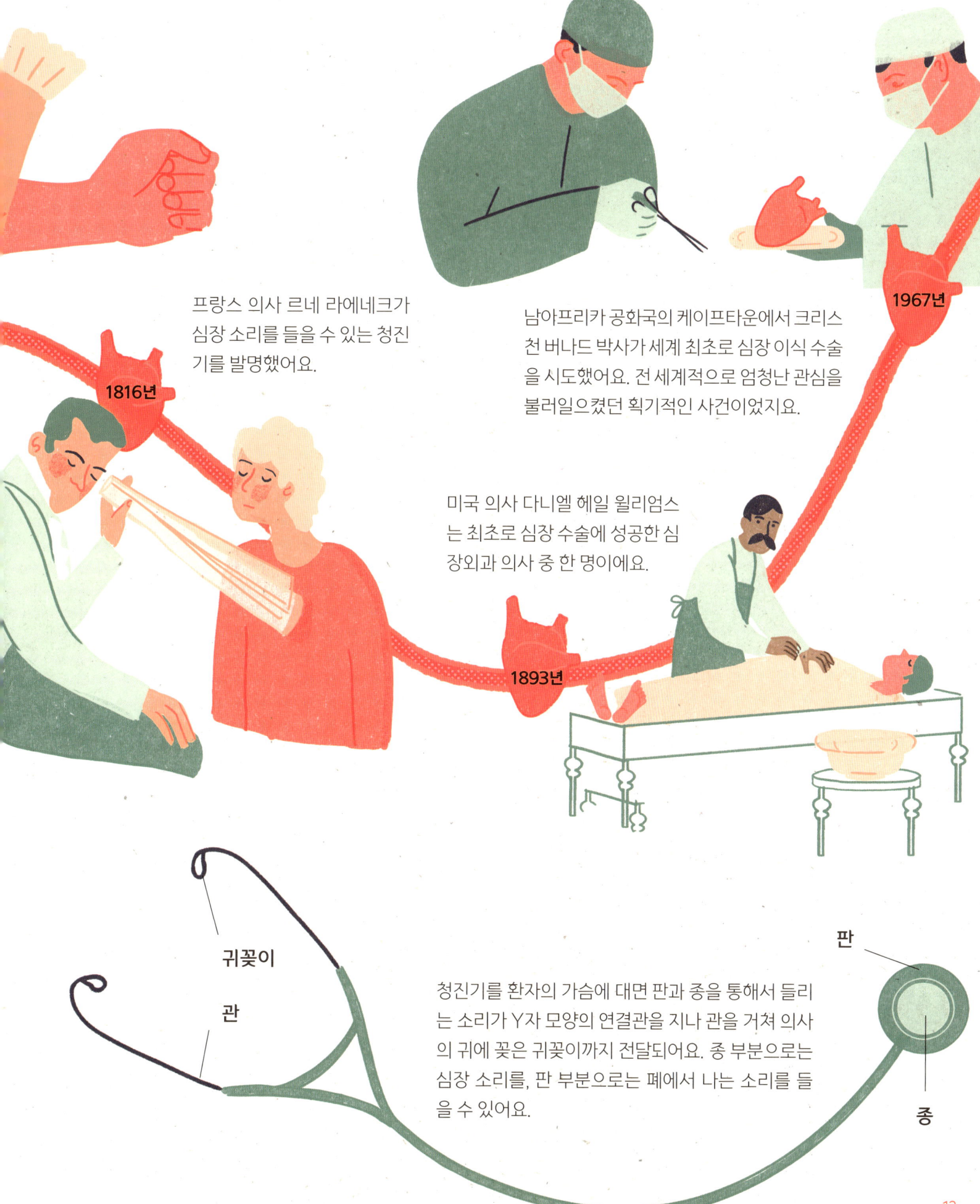

심장이 좋아하는 것

여러 세기에 걸친 연구 끝에 사람들은 심장을 튼튼하게 만들 수 있는 방법을 찾아냈어요.

잘 먹기

1952년 미국의 생리학자 앤셀 키스 박사는 지중해 주변의 나라들에서 심장병으로 죽는 사람의 수가 아주 적다는 사실을 발견했어요. 그렇다면 심장을 튼튼하게 만드는 비밀은 무엇일까요?
바로 심장과 관련된 질병을 일으키는 나쁜 콜레스테롤을 줄이고 고혈압을 낮추는 먹거리들이에요.

과일을 매일 먹으면 병원에 갈 일이 줄어들어요!

지중해식 식단의 재료들:

올리브유

과일

채소

운동하기
걷기, 춤추기 혹은 자전거 타기 등 몸을 많이 움직이는 활동을 하면 고혈압과 나쁜 콜레스테롤이 쌓이는 문제를 막을 수 있어요.

자주 웃기
웃으면 스트레스가 줄어들어요. 큰 소리로 웃으면 심장 박동이 빨라지고 호흡이 늘어나 산소를 더 많이 소비하지요. 삼십 분 동안 웃으면 체육관에서 운동하는 것만큼이나 심장 건강에 좋답니다.

잘 자기
수면은 세포의 회복과 스트레스 해소에 꼭 필요해요. 명상과 요가도 깊은 잠을 잘 수 있도록 도와주지요.

잡곡과 통곡물빵

생선

견과류

흰살 육류

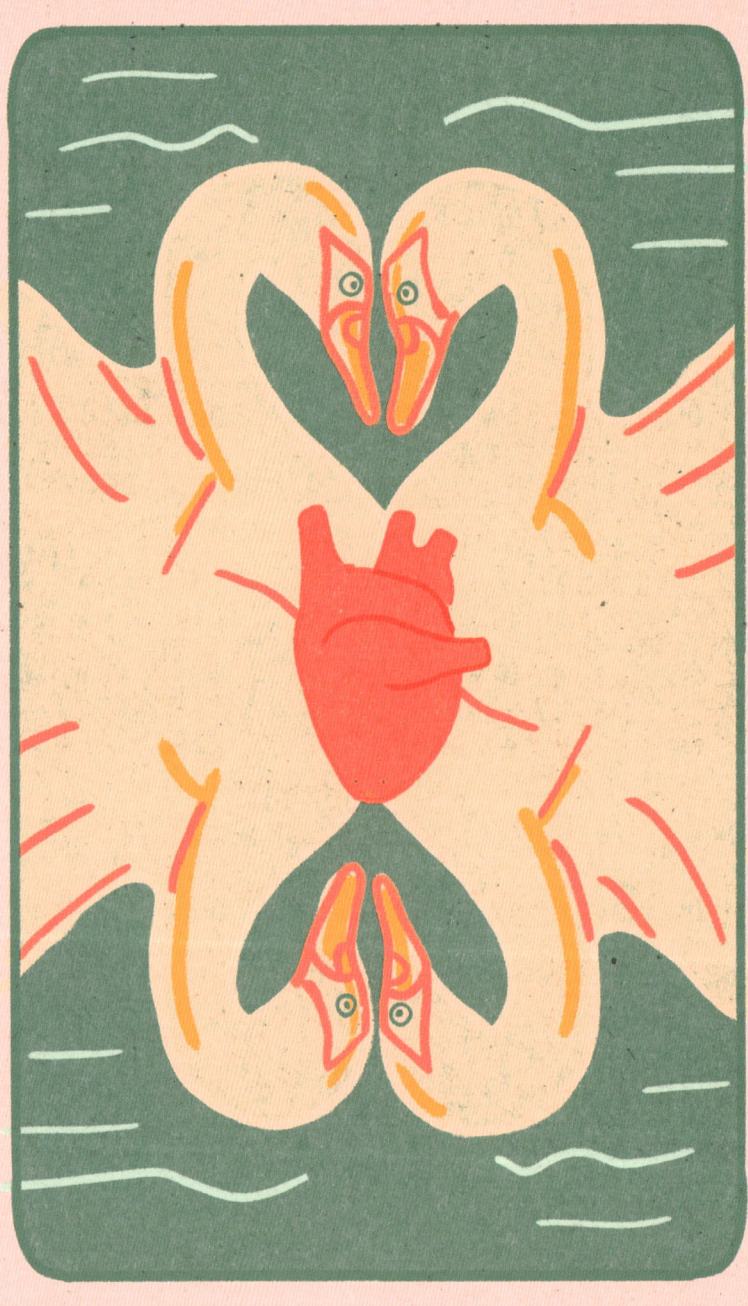

저마다 다른 동물의 심장

동물이 다양한 만큼,
심장의 종류도 다양해요.
심장이 하나도 없는 동물이 있는가 하면
여러 개의 심장을 가진 동물도 있지요.
동물의 심장은 그 동물의
생김새와 크기에 따라 다를 뿐만 아니라,
생활 환경에 따라서도 달라요.

특별한 심장을 가진 동물들

심장이 없는 동물도 있어요. 주로 크기가 작고 이동할 때 몸을 느릿느릿 움직이는, 비교적 구조가 단순한 동물들이지요. 해파리가 대표적이에요. 반면에 몸집이 큰 동물들은 복잡한 모양새의 심장과 튜브 같은 혈관이 필요해요. 물론 그렇다고 모든 심장이 다 똑같지는 않답니다.

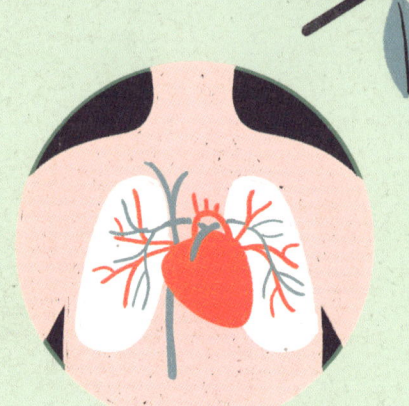

조류와 포유류의 심장

난 심장이 없어. 그렇다고 딱히 나쁠 건 없지!!

어류의 심장

파충류의 심장

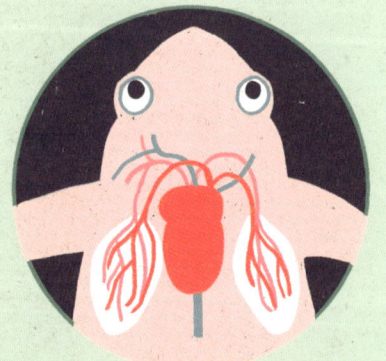

양서류의 심장

혈관이 열려 있다고요?

거미, 나비, 파리, 개미 등 대부분의 무척추동물과 달팽이, 조개, 홍합 같은 동물은 사람과 꽤 달라요. 이들한테서도 사람의 피와 비슷한 액체가 심장에서 나오는데, 혈관이 열려 있어서 몸속으로 직접 스며든답니다. 이 액체가 세포들과 만나 영양분과 가스, 노폐물 등의 물질을 교환하지요.

굳게 닫혀 있는 혈관

척추동물을 비롯해 지렁이 같은 환형동물, 낙지, 오징어, 문어 등은 사람과 비슷해요. 심장에서 나온 피가 몸속의 닫힌 혈관을 통해 쉼 없이 돌아다니지요.

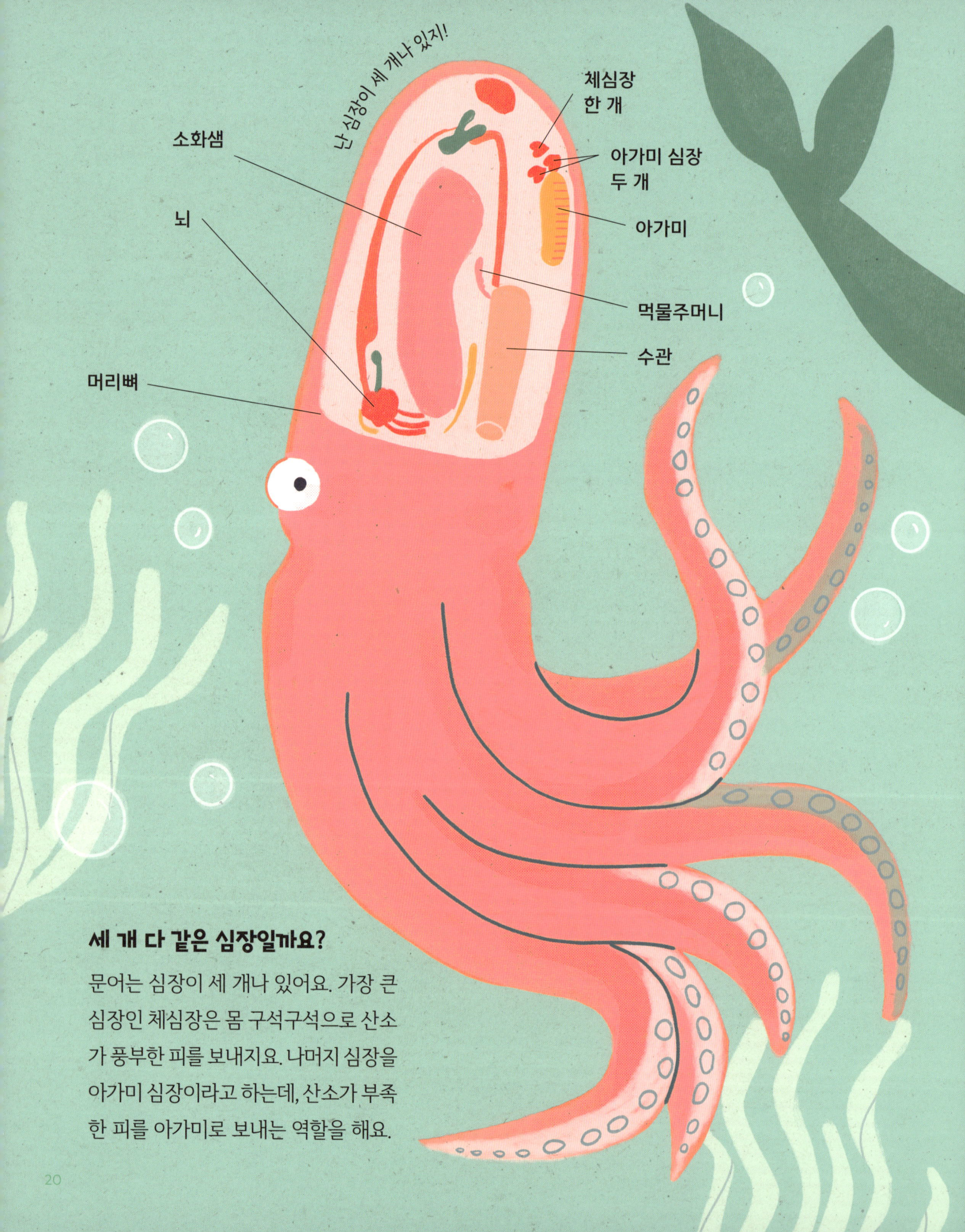

세 개 다 같은 심장일까요?

문어는 심장이 세 개나 있어요. 가장 큰 심장인 체심장은 몸 구석구석으로 산소가 풍부한 피를 보내지요. 나머지 심장을 아가미 심장이라고 하는데, 산소가 부족한 피를 아가미로 보내는 역할을 해요.

세상에서 가장 커다란 심장

2014년 캐나다 해안에서 푸른 고래의 사체가 발견되었어요. 빙하에 갇혀서 죽은 탓에 잘 보존되어 있었지요. 과학자들이 고래의 심장을 꺼내 측정해 보니 길이는 가장 긴 쪽이 1.5미터, 무게는 무려 180킬로그램이나 나갔어요. 현재 푸른 고래의 심장은 박물관에 전시되어 있어요.

폐　심장

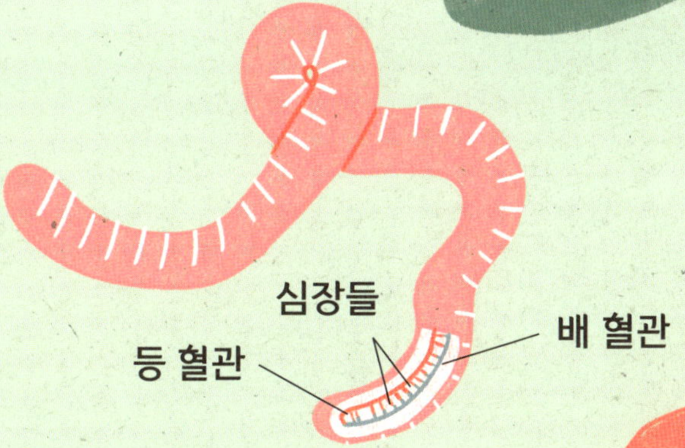

심장이 무려 다섯 개!

지렁이도 사람처럼 피가 혈관을 따라 돌아다녀요. 지렁이는 종류에 따라 조금씩 다르지만, 심장이 다섯 개나 있답니다.

등 혈관　심장들　배 혈관

키가 크면 심장 좌우 크기가 달라요!

기린의 심장은 좌심실이 우심실보다 훨씬 더 커요. 그건 바로 좌심실이 기린의 긴 목으로 피를 올려 보내는 역할을 맡고 있기 때문이지요.

심장에 얽힌 가슴 뛰는 이야기

우리는 우리 몸 안에 심장이 있다는 사실을 똑똑히 알고 있어요. 기분에 따라 심장 박동이 어떻게 변하는지 느낄 수 있기 때문이지요. 그래서일까요? 심장은 세계 어느 나라에서건 존재감이 남다르답니다!

역사 속 심장 이야기

최초의 심장 그림

에스파냐 아스투리아스 지방의 동굴에서 구석기 시대 동굴 벽화가 발견되었어요. 벽화 속 매머드의 몸 한가운데 붉은색 얼룩이 그려져 있었지요. 어쩌면 심장을 그린 최초의 그림일지도 몰라요! 물론 화가가 심장을 표현하려고 했던 것인지, 아니면 그저 바위의 얼룩 위에 매머드를 그린 것인지는 확실하지 않아요.

고대 그리스와 로마의 심장

고대 그리스·로마에서는 심장을 묘사한 기록이 거의 없어요. 당시에는 심장을 중요하게 여기지 않았거든요. 반면 간이나 폐에는 영혼이 담겨 있다고 믿어서 중요시했지요.

고대 이집트의 심장

고대 이집트에서는 심장을 굉장히 중요하게 생각했어요. 그래서 심장을 가리키는 이름도 두 개나 있지요. 그중 '하티'는 몸속 심장을, '이브'는 정신, 생각, 의지, 상상력, 기억, 생명력 등 정신적인 심장을 뜻했답니다.

고대 이집트에서는 미라를 만들 때도 심장을 소중히 다루었어요. 다른 장기들은 시신에서 전부 꺼냈지만, 심장은 방부 처리를 해서 몸에 남겨 두었지요. 죽은 사람이 저승으로 갈 때 심장을 갖고 갈 수 있도록 하기 위해서였어요.

고대 이집트인들은 사람이 죽으면 지하 세계의 신 오시리스 앞에서 심판을 받는다고 믿었어요. 이때 죽은 이의 심장을 저울에 달아 보는데, 심장이 타조의 깃털보다 가벼우면 영원한 삶을 살 수 있다고 여겼지요.

풍뎅이 모양 부적, 스카라베

심장을 상징하는 스카라베는 오시리스의 재판에 영향을 미칠 수 있는 부적이에요. 수많은 이집트의 무덤에서 발견되었지요.

오시리스
죽은 이들을 심판하는 신

모든 것의 중심에는 심장이!

크리스트교 문화

오래전 크리스트교에서는 생명을 불어넣는 장기가 심장이 아닌 폐라고 생각했어요. 심장은 각 개인의 충동과 감정, 그리고 종교적 열의를 담는 장기로 언급하고 있지요. 천 년도 더 지난 르네상스 시대에 이르러서야 비로소 심장은 그 중요성을 인정받았어요. 이후 예수의 심장을 상징하는 대성당이 지어지기도 했답니다.

아스테카 문화

고대 멕시코의 나우아틀어로 심장은 '욜로틀'이었어요. 이는 '살다'라는 뜻을 담고 있답니다. 다시 말해, 심장은 고대 멕시코 사람들에게 '삶'을 상징하는 장기였지요. 당연히 신에게 바칠 수 있는 가장 귀한 선물이기도 했어요.

힌두 문화

고대 인도의 전통 의학인 아유르베다는 세계에서 가장 오래된 의학이기도 해요. 아유르베다에 따르면 심장은 몸의 중심이자 마음이 시작되는 곳이에요. 그래서 힌두교를 믿는 사람들은 심장이 사랑과 정신적인 균형을 상징한다고 여긴답니다.

중국 문화

중국 전통 의학에서 심장은 '왕'과 같다고 묘사해요. 정신과 지혜를 상징하며, 몸을 다스리고 다른 장기들을 돕는 역할을 하기 때문이에요. 또 불의 성질을 갖고 있다고도 생각했지요.

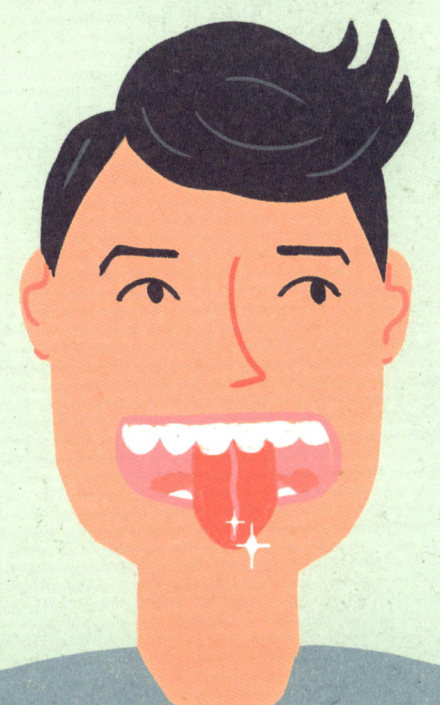

한의학에서 심장은 혀끝과 관련 있어요. 혀끝이 연한 빨간색이거나 분홍색이면 심장이 건강하다는 뜻이에요. 하지만 혀끝이 어둡고 건조하다면 심장에 열이 있다고 여기지요.

감정이 가득 담긴 심장

이슬람 문화의 심장

아랍 문화, 특히 이슬람교에서는 정신적 사랑이 심장에 새겨져 있다고 믿었어요. 이런 믿음은 이슬람 문화에서 탄생한 시에서도 엿볼 수 있지요. 당시 시에는 '사랑에 빠진 심장', '두근거리는 심장' 같은 표현이 넘쳐난답니다. 이슬람 시인들은 유럽 문화에도 큰 영향을 주었어요.

이슬람 문화의 춤은 빙글빙글 돌면서 신과 만나는 종교의식이에요. 먼저 두 팔을 가슴에 얹어요. 그러고는 두 팔을 벌렸다가, 한 손은 심장에 두고 다른 손은 하늘을 가리키지요. 빙빙 돌며 심장에서 신으로 향하는 몸짓은 신과의 만남을 의미한답니다.

궁정 연애와 심장

11세기에서 15세기 사이, 유럽에서는 '부르주아'라고 불리는 계급이 등장했어요. 글을 읽을 줄 아는, 새로운 사고방식을 지닌 사람들이었지요. 이들은 왕궁에서 벌어지는 연애와 기사들의 사랑을 담은 노래를 좋아했어요. 이제 심장은 장기가 아닌, 사랑을 상징하는 단어로 재탄생한 거예요.

예술가의 심장

감정이 가장 중요해요!

근대에 접어들면서 세상은 감정적이고 불완전하다고 믿는 사람들이 생겨났어요. 이들은 개인의 의견과 자유를 중요하게 생각했고, 예술가를 천재로 여기며 창작자로서 귀하게 대접했답니다.

곧 예술가들은 '영원한 것'에 대해 고민하기 시작했어요. 그리고 사람들에게 기쁨을 주기 위해서가 아니라, 자신의 감정을 담은 작품을 만들고자 노력하게 되었지요.

작곡가 쇼팽의 심장

프레데리크 쇼팽은 세계적으로 유명한 폴란드의 작곡가이자 피아니스트예요. 결핵을 앓던 쇼팽은 세상을 떠나기 얼마 전, 자신이 죽으면 심장을 폴란드로 보내달라는 유언을 남겼어요. 그의 소원대로 심장은 병에 담긴 채 폴란드로 옮겨졌지요. 시신은 프랑스에 묻혔지만, 그의 심장은 조국인 폴란드로 돌아간 거예요.

쇼팽의 심장은 폴란드의 성 십자가 성당에 보관되었어요. 그런데 제2차 세계 대전이 일어나면서, 성당이 폭격을 맞아 무너지고 말았지요. 전해지는 이야기에 따르면, 쇼팽을 숭배하던 독일 군인이 건물이 무너지기 전 쇼팽의 심장을 훔쳤다고 해요. 그 후 심장은 여러 사람의 손을 거쳐 폴란드 추기경에게 전해졌고, 이제는 재건된 성 십자가 성당에서 안전하게 보관하고 있답니다.

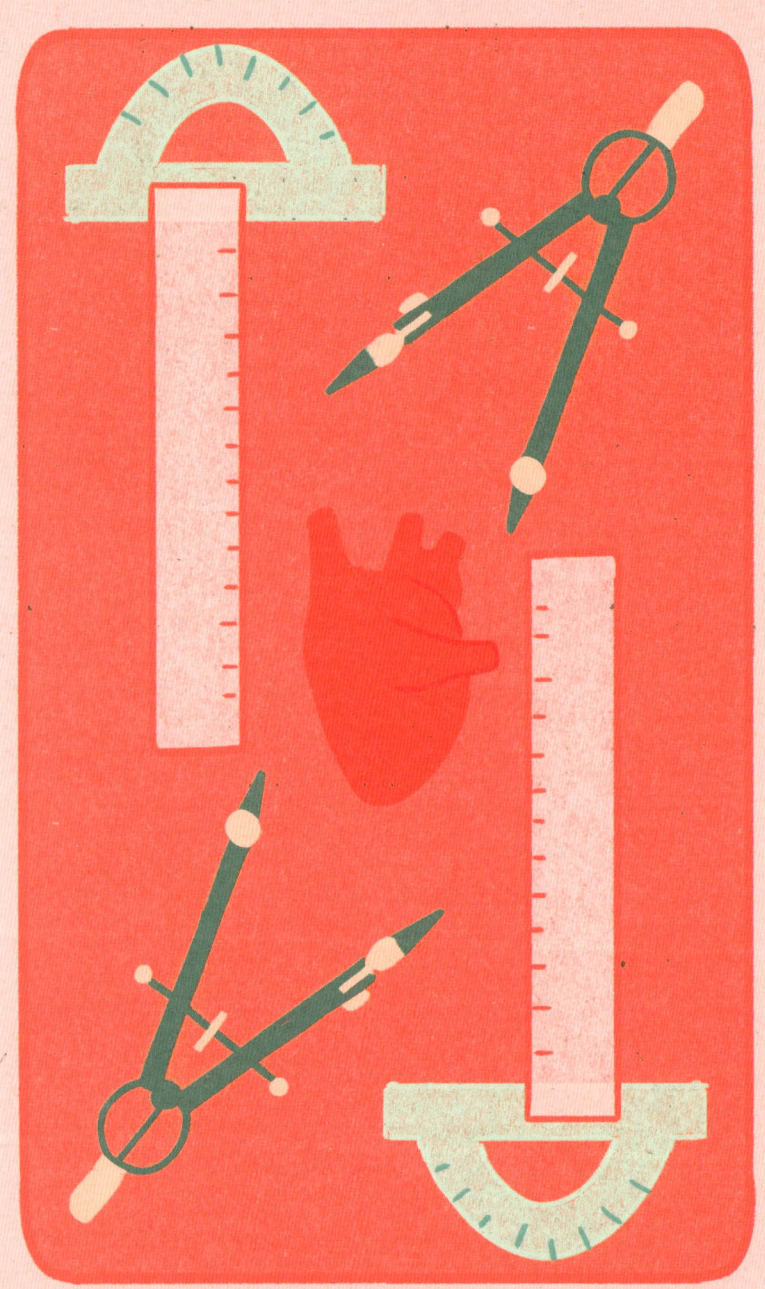

심장과 똑 닮은 아이콘, 하트

우리는 사랑을 표현할 때,
흔히 하트 모양을 사용하지요.
두 장의 둥근 잎을 V자로 겹친 듯한
하트 모양은 아주 오래전에 등장했어요.
그리고 이제 전 세계 사람들이 사용하는
'사랑의 상징'이 되었지요.

하트 모양의 시작

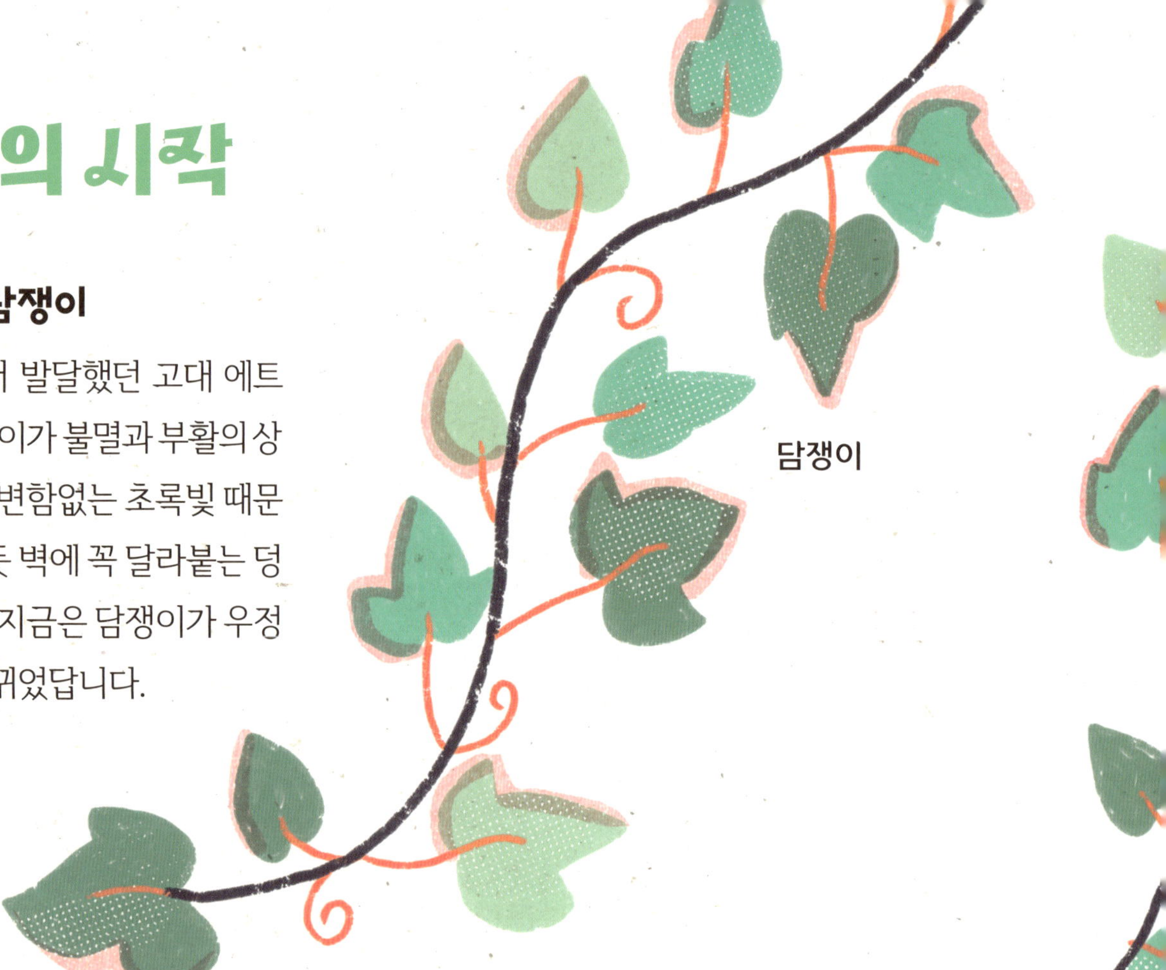

에트루리아 문화의 담쟁이

이탈리아 중부 지방에서 발달했던 고대 에트루리아 문화에서는 담쟁이가 불멸과 부활의 상징이었어요. 일 년 내내 변함없는 초록빛 때문이지요. 그런데 끌어안듯 벽에 꼭 달라붙는 덩굴 식물의 특징 덕분에, 지금은 담쟁이가 우정과 신의의 상징으로 바뀌었답니다.

담쟁이

고대 그리스의 담쟁이

고대 그리스의 신랑 신부들은 담쟁이 가지로 만든 화환을 머리에 썼어요. 그리고 항아리도 담쟁이 무늬로 장식했지요. 그저 담쟁이 잎을 표현한 것일 수도 있지만, 그 모양이 사랑을 상징하는 하트와 매우 비슷해요.

귀하디 귀한 실피움

고대 로마의 정치가였던 플리니우스에 따르면, 그리스 지역에 약재와 향신료로 쓰던 아주 귀한 식물이 있었다고 해요. 바로 '실피움'이에요. 지금은 멸종되어 볼 수 없는 실피움의 씨앗은 마치 하트 모양처럼 생겼답니다.

실피움

하트 모양의 실피움 씨앗

실피움은 아주 귀한 식물이었어요. 그래서 고대 그리스의 식민지였던 키레네(현재의 리비아)에서는 실피움의 씨앗 모양을 동전에 새기기도 했지요.

하트와 밸런타인데이

사랑을 의미하는 하트 모양은 중세 시대 궁정의 연애 이야기를 담은 그림에 처음 등장해요. 하지만 선풍적인 인기를 끈 건 1800년대 영국의 밸런타인데이였어요. 이때 사랑을 뜻하는 하트 모양이 연인들이 주고받던 카드에 그려졌거든요! 1900년 무렵 밸런타인데이 카드가 대량 생산되면서부터, 하트 모양은 갈수록 더 인기를 끌게 되었지요.

다들 내 금빛 화살에 맞고 싶어서 난리라니까!

큐피드의 화살

밸런타인데이에 연인들이 주고받은 카드에는 큐피드의 모습도 자주 등장해요. 그리스 신화에 따르면, 큐피드는 두 개의 화살을 갖고 있어요. 그중 황금 화살에 맞으면 사랑에 빠지고, 납 화살에 맞으면 마음이 차가워진다고 전해지지요.

성 발렌티노는 누구일까요?

밸런타인데이는 본래 발렌티노 성인을 기리는 크리스트교의 축일이에요. 당시 로마 황제는 결혼하지 않은 군인이 더 잘 싸운다는 이유로 군인들의 결혼을 금지했어요. 그런데 크리스트교 사제인 발렌티노가 황제의 명령을 어기고 군인들을 결혼시켰지요.

사실을 알게 된 황제는 발렌티노를 사형시키라는 명령을 내렸어요. 감옥에 갇힌 발렌티노는 앞을 보지 못하는 재판관의 딸을 위해 기도했지요. 그러고는 그녀에게 줄 편지를 쓰고 270년 2월 14일 사형을 당했어요. 앞을 못 보는 재판관의 딸은 사제가 왜 자신에게 편지를 썼는지 의아했어요. 그때 기적이 일어났답니다! 편지에 쓰인 첫 문장, '당신의 발렌티노로부터'를 읽을 수 있었거든요.

역사에 길이 남을 위대한 사랑

정치에 휘말린 사랑

고대 이집트의 여왕 클레오파트라는 로마의 장군 안토니우스와 사랑에 빠졌어요. 그렇지만 여왕과 장군의 사랑은 비극적으로 끝나고 말았어요. 권력 다툼을 벌이던 안토니우스가 전쟁에서 패하자 스스로 생을 마감했거든요. 안토니우스가 죽은 이후, 클레오파트라 역시 독사에게 물려서 죽기로 결심하고 실행에 옮겨요. 두 사람의 사랑 이야기는 수많은 소설과 시, 영화로 만들어졌답니다.

사랑이 만든 계단

최근 중국에서도 사랑 이야기가 입소문을 탔어요. 열아홉 살 청년 리우는 자신보다 열 살이나 많은 여인 수와 사랑에 빠졌답니다. 리우의 가족이 두 사람의 사랑을 허락하지 않자, 두 사람은 외딴 산속에 들어가 살았어요. 리우는 수가 마을에 안전하게 다녀올 수 있도록, 산길에 6천 개가 넘는 계단을 만들었지요. 그 계단은 '사랑의 계단'으로 알려졌고, 두 사람의 사랑 이야기는 영화로도 제작되었어요.

사랑이 꽃핀 수용소

나딘은 넬리를 만나 한눈에 사랑에 빠졌어요. 그런데 두 사람이 만난 곳은, 제2차 세계 대전이 한창인 때 라벤스부르크의 나치 강제 수용소에서였어요. 그 후, 두 사람은 강제로 헤어지게 되었지만 제2차 세계 대전이 끝나고 다시 만날 수 있었답니다. 나딘과 넬리의 사랑 이야기는 다큐멘터리로도 만들어졌어요.

하트, 사랑의 상징이 되다!

사랑을 상징하는 하트

1960년대 후반, 미국에서 평화를 주장하는 젊은이들이 모여 목소리를 높였어요. 이들을 '히피'라고 부르지요.
이때 심장에서 따온 하트 모양이 사랑을 상징하는 무늬로 사용되었어요. 이를 계기로 사람들 사이에서 '하트=사랑'으로 자리 잡았답니다.

디지털 문화 속의 하트

디지털 시대 초기, 하트는 비디오 게임 속 생명을 뜻하는 아이콘으로 부활했어요. 이제 하트는 SNS에서 친근함이나 고마움을 표현할 때 주로 사용하지요.

곳곳에 하트가 보여요!

온갖 종류의 하트 모양 물건:

하트의 여왕

이모티콘

문신

라테 아트

하트 모양 막대사탕

손가락 하트

대중문화의 아이콘

1980년대, 예술가인 키스 해링의 작품 덕분에 하트는 또다시 큰 인기를 끌게 되었어요. 또한 데미언 허스트와 제프 쿤스 같은 현대 미술가들이 선보인 하트도 사람들의 엄청난 관심을 받았답니다.

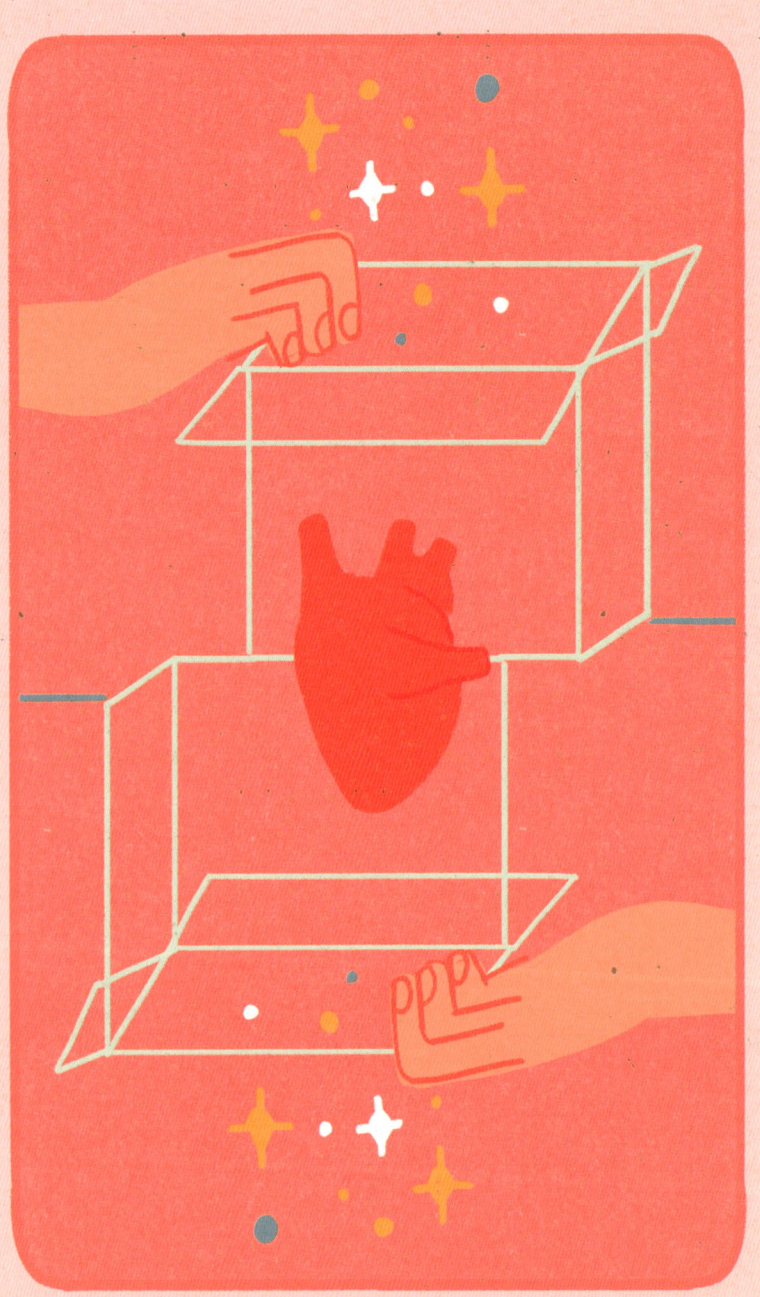

감정을 담는 그릇, 심장

많은 언어권에서 심장을
다양한 대상에 빗대어 표현했어요.
그럼 의미를 훨씬 쉽게 이해할 수 있지요.
누군가를 가리켜 '심장이 돌 같다.'
라고 표현한다면 어떨까요?
우린 그 사람이 인정머리 없다는 걸
금세 알아챌 수 있답니다.

솔직한 심장

우리는 종종 마음속 깊이 숨겨 놓은 감정이나 생각을 표현할 때 심장에 빗대곤 해요. 예를 들어 '심장에서 우러나온 말'이라는 표현은 다양한 언어에서 찾아볼 수 있지요. 흔히 '이건 진심인데……'라고 이야기하는 것과 비슷한 의미예요.

또 솔직하게 말한다는 뜻을 담아 '누구에게 심장을 열다.' 혹은 '심장을 손에 들다.'라는 표현을 사용하는 나라도 있답니다.

심장의 순우리말은 '염통'이에요. 우리나라에도 '염통에 털이 났다(아주 뻔뻔하다).', '염통이 비뚤어 앉다(마음이 꼬였다).'와 같은 표현이 남아 있답니다. 또 대담한 성격을 가리킬 때 '강심장'이라고 이야기하지요. 이처럼 심장이 사람의 마음을 상징한다는 걸 알 수 있어요.

심장의 온도

전 세계적으로 '심장이 차갑다.'라는 표현은 부정적인 의미예요. 무관심하고 애정이 없다는 뜻이거든요. 반대로 '심장이 뜨겁다.'라는 표현은 사랑과 열정이 넘친다는 의미지요.

심장이 말하길…….

심장은 우리에게 무언가 이야기하기도 해요. '심장이 말한다.', 혹은 '심장이 두근댄다.'라는 표현은 우리 직감이 발휘되었단 의미를 담고 있어요. 어떤 일이 일어나기 전에 본능적으로 미리 느끼는 거예요.

황금 심장 vs. 돌 심장

영어권에서는 마음이 따뜻한 사람에게 '황금 심장'을 가졌다고 해요. 반면 '돌 심장'을 가졌다면 차가운 사람이지요. 다시 말해 인정이 없고 다른 사람한테 관심이 없는 사람을 뜻해요.

심장의 크기

많은 언어권에서 심장은 감정을 담는 그릇이라고 생각해요. 심장이 크면 클수록, 그 안에 더 많은 감정을 담을 수 있다고 여기지요. 그래서 '심장이 크다.'라는 표현은 너그럽고 통이 크다는 의미예요. 반면에 마음씨가 나쁘거나 쌀쌀맞거나 냉정한 사람을 가리킬 때 '넌 심장이 없어!'라고 말한답니다!

부서진 심장과 비통한 마음

약 4천 년 전, 세계 최초의 서사시인 《길가메시 서사시》가 탄생했어요. 이때 이미 심장은 '사랑의 상징이자 마음의 중심'으로 묘사된답니다. 그러니 수많은 언어권에서 슬픔을 나타낼 때 '심장이 부서지다!'라고 표현하는 것도 이상한 일이 아니지요.

우리나라에서는 깊은 슬픔을 나타낼 때 보통 '상심했다.'라고 이야기해요. 풀이하면 '마음을 다쳤다.' 또는 '심장에 상처를 입었다.'라는 뜻이지요. '심장이 부서졌다.' 같은 영어식 표현과 무척 비슷해요.

문학 작품에서는 심장을 유독 사랑의 상징으로 표현할 때가 많아요. 사랑을 심장에 빗댄 표현은 이제 문학뿐 아니라 노랫말이나 영화, 만화에도 흔히 등장한답니다.

역사에 남은 슬픈 사랑

단테와 베아트리체

세계적으로 유명한 작가 단테는 중세 시대 이탈리아에서 태어났어요. 단테는 아홉 살 때 자신보다 한 살 어린 베아트리체를 알게 되어 사랑에 빠졌지요. 하지만 베아트리체는 다른 사람과 결혼했고, 곧 세상을 떠났답니다. 단테는 베아트리체를 잊지 못하고 심장에 새겨 두었다가 자신의 작품 《신곡》에 주인공으로 등장시켰어요.

칼로와 리베라

위대한 화가인 프리다 칼로와 디에고 리베라의 결혼 생활은 순탄치 않았어요. 남편인 리베라가 다른 여자들과 어울렸거든요. 심지어 칼로의 여동생과 만나기까지 했지요. 상심한 칼로는 디에고가 존경하던 러시아 정치가와 바람을 피워 복수했어요. 두 사람의 결혼 생활은 끝난 것처럼 보였어요. 하지만 일 년 뒤, 다시 결합했답니다.

존슨과 워홀

디자이너였던 제드 존슨은 예술가인 앤디 워홀의 작업실에서 일하다 워홀과 사랑에 빠졌어요. 두 사람은 십 년 넘게 연인으로 지냈지요. 하지만 워홀은 집에 돌아오지 않는 날이 잦았어요. 또 존슨은 예술가로 자립하고 싶었는데, 워홀이 워낙 유명했기에 쉽지 않았어요. 이런 이유로 두 사람은 자주 다투었고, 폭력 사건으로까지 이어졌답니다.

심장 박동이 연주하는 음악

쿵쿵, 쿵쿵, 쿵쿵! 귀를 막아도
심장이 뛰는 소리는 계속 느껴져요.
심장 박동 소리는 우리 몸속에서
만들어지기 때문이에요.
심지어 엄마 배 속에서도 들을 수 있지요.
그러니까 심장 박동 소리는
맨 처음 듣는 음악인 셈이에요.

심장 박동과 음악의 빠르기

빠르기의 기준이 된 심장 박동

20세기에 활동한 음악가 존 케이지는 완벽하게 소리가 없는 장소를 찾아 하버드 대학교의 방음 시설을 갖춘 방에 들어갔어요. 그런데 이게 웬걸, 자신의 심장 뛰는 소리가 들리는 거예요! 케이지는 완벽한 무음이란 존재하지 않는다는 사실을 깨달았답니다.

음악에서 리듬을 이루는 가장 작은 단위는 박자(비트)예요. 박자는 심장이 뛰는 간격, 그러니까 맥박에서 비롯되었다고 해요. 박자야말로 '음악의 맥박'이라고나 할까요?

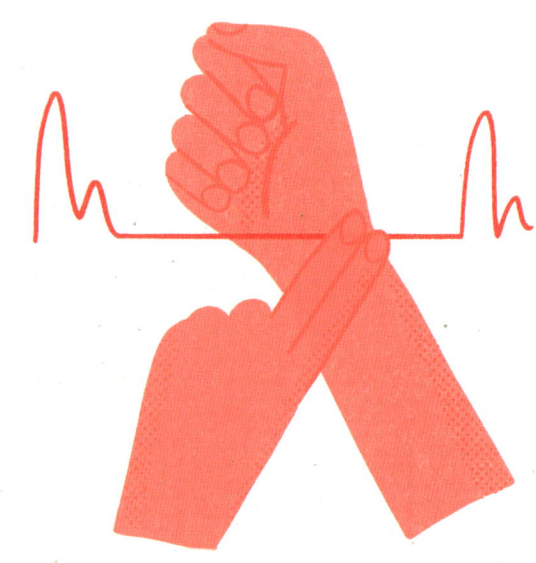

댄스 음악은 박자가 빨라요. 반면에 자장가는 박자가 느리지요.

음악이 심장 박동에 영향을 줄까요?

연구 결과에 따르면 음악은 심장 박동에 영향을 준다고 해요. 빠른 박자의 음악을 들으면 심장 박동 수가 증가하고 호흡이 빨라지지요. 반면 느린 박자의 음악을 들으면 호흡이 느려진답니다.

박자를 재는 메트로놈

메트로놈은 음악의 빠르기 혹은 박자를 맞추기 위해 1812년에 발명된 기구예요. 분당 박자 수(BPM)로 빠르기를 맞추면, 메트로놈은 1분 동안 설정된 박자 수만큼 똑딱거리지요.

메트로놈이 없던 시절에는 음악의 빠르기를 여러 단어로 표현했어요. 이탈리아어인 알레그로, 비바체, 안단테, 프레스토 같은 전문 용어들이지요. 예를 들어 비바체는 1분 동안 약 150번 정도의 아주 빠른 박자로 연주하라는 뜻이에요.

라르고(아주 느리게)
라르게토(라르고보다 조금 빠르게)

렌토(느리고 무겁게)
아다지오(느리게)

안단테(천천히, 걷는 속도로)
안단티노(안단테보다 조금 빠르게)

모데라토(보통 빠르기로)

알레그레토(조금 빠르게)
알레그로(빠르고 경쾌하게)

비바체(아주 빠르게)

프레스토(매우 빠르게)
프레스티시모(가능한 가장 빠르게)

글·그림 노에미 파브라 Noemi Fabra

에스파냐 바르셀로나 대학교에서 예술사를, 라몬 룰 대학교에서 문화 경영을 전공했어요. 그 후 바르셀로나 마사나 예술 학교에서 일러스트를 공부했지요. 자연과 여성을 소재로 단순하고 풍부한 색감이 담긴 그림책을 만들고 있답니다. 에스파냐는 물론 미국, 프랑스, 독일, 오스트리아, 이탈리아 등 다양한 나라의 출판사와 작업하고 있어요.

옮김 김지애

에스파냐어와 예술학을 전공하고 에스파냐 미술·골동품 학교에서 미술품 평가 및 감정 과정을 수료했어요. 지금은 어린이·청소년 책을 우리말로 옮기는 일을 하면서 국립어린이청소년도서관 외국 도서 추천위원으로 활동하고 있답니다. 옮긴 책으로 《친구를 사귀려면》 《넌 내가 안 보이니?》 《씨 없는 수박은 어떻게 심어?》 《안 돼?》 외 여러 권이 있어요.

심장이 연주하는 우리 몸

초판 1쇄 발행 2024년 6월 17일 | **글·그림** 노에미 파브라 | **옮김** 김지애
발행처 주식회사 스푼북 | **발행인** 박상희 | **총괄** 김남원
편집 길유진 김선영 박선정 김선혜 권새미 | **디자인** 위미디자인 권수아 정진희 | **마케팅** 구혜지 박미소
출판신고 2016년 11월 15일 제2017-000267호 | **주소** (03993) 서울시 마포구 월드컵북로 6길 88-7 ky21빌딩 2층
전화 02-6357-0050(편집) 02-6357-0051(마케팅) | **팩스** 02-6357-0052 | **전자우편** book@spoonbook.co.kr
ISBN 979-11-6581-537-0 (77400)

* 저작권법에 의하여 한국 내에서 보호를 받는 저작물이므로 무단 전재와 무단 복제를 금합니다.
* 잘못 만들어진 책은 구입하신 곳에서 바꾸어 드립니다.

UN COR
by Noemí Fabra
© 2024 ZAHORÍ DE IDEAS, S.L.
All Rights Reserved.
Korean translation copyright © by Spoonbook Inc., 2024
This Korean edition published by arrangement with ZAHORÍ DE IDEAS, S.L.
through Icarias Agency, Korea.

이 책의 한국어판 저작권은 이카리아스 에이전시를 통해 ZAHORÍ DE IDEAS, S.L.과 독점 계약한 ㈜스푼북에 있습니다.
저작권법에 의해 한국 내에서 보호를 받는 저작물이므로 무단 전재와 무단 복제를 금합니다.

제품명 심장이 연주하는 우리 몸	
제조자명 주식회사 스푼북	**제조국명** 대한민국	**전화번호** 02-6357-0050
주소 (03993) 서울시 마포구 월드컵북로6길 88-7 ky21빌딩, 2층
제조년월 2024년 6월 17일	**사용연령** 4세 이상
※ KC마크는 이 제품이 공통안전기준에 적합하였음을 의미합니다.

⚠ **주 의**
아이들이 모서리에 다치지
않게 주의하세요.